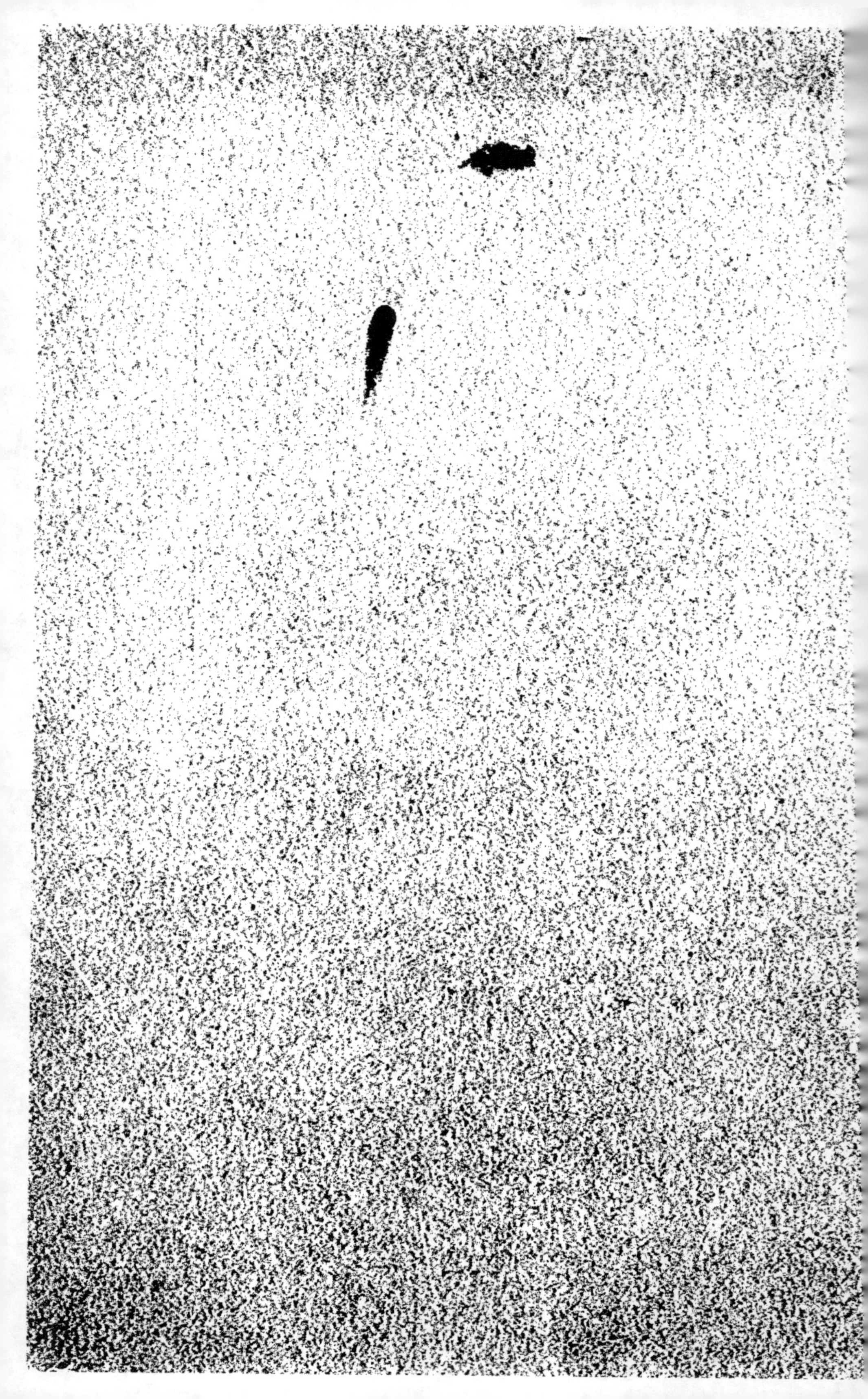

LA

QUESTION ANTISÉMITE

*Les injures sont les raisons
de ceux qui ont tort.*

(J.-J. ROUSSEAU.)

PARIS

LÉAUTEY, IMPRIMEUR-LIBRAIRE

Rue Saint-Guillaume, 21.

—

1895

LA
QUESTION ANTISÉMITE

Les injures sont les raisons
de ceux qui ont tort.
(J.-J. ROUSSEAU.)

M. de Freycinet, ministre de la guerre au moment de la mort du capitaine Mayer, si malheureusement tué par le marquis de Morès, avait jadis qualifié la campagne des antisémites contre les Juifs dans l'armée de *crime national*, et cela aux applaudissements unanimes de la Chambre. La triste affaire Dreyfus a fourni un prétexte aux antisémites pour rouvrir une polémique justement flétrie. A les en croire, de ce qu'un Juif a pu commettre une action infâme, il faut en conclure que tous les Juifs sont capables d'en faire autant, et il convient de prendre des mesures de précaution contre cette race maudite, habituée aux trahisons les plus noires

et aux forfaits les plus exécrables. On se demande
en vérité, comment cent ans après la Révolution
française il peut encore se rencontrer des hommes
assez peu éclairés pour mettre leur talent au service d'une cause aussi odieuse, et on se sent surtout douloureusement impressionné de l'effet
produit sur certains esprits par des généralisa-
tions semblables tout à fait injustes et révoltantes.
Qu'on le veuille ou non, l'antisémitisme fleurit
aujourd'hui en France, et la patrie d'Henri IV
et de Voltaire, les grands apôtres de la tolérance,
renferme des penseurs turbulents et audacieux
qui ne désespèrent pas de nous ramener au beau
temps de l'Inquisition, au beau temps où la naissance avec certaines croyances religieuses était
une cause générale d'ostracisme et de persécution. Il semble que la Providence veuille se jouer
de l'humanité, et qu'après avoir suscité des philosophes pour prêcher la liberté de conscience
au siècle dernier, elle ait pris plaisir à former
de nos jours des apôtres du fanatisme !

Je voudrais rapidement rechercher quels
prétextes spécieux donnent les antisémites pour
justifier leur haine contre les Israélites.

Ils se défendent énergiquement d'en vouloir
aux Juifs à cause de leur religion. Ils déclarent

que leur lutte contre les Juifs est une lutte de race, une lutte de patriotisme. Ils disent que le Juif n'est pas Français et qu'il faut rendre *la France aux Français*. Ils insistent sur les différences entre le caractère, les mœurs, les habitudes juives et les traditions françaises. Ils reprochent surtout aux Juifs leur amour du lucre et leur soif d'ostentation. Ils leur dénient les facultés productrices, répétant sans cesse que le Juif n'est habile que comme intermédiaire et ne vit qu'aux dépens des deux parties entre lesquelles il sert d'intermédiaire. Si ce ne sont pas là tous les griefs des antisémites, ce sont du moins les plus graves.

Une réflexion rapide suffit cependant à en faire justice.

D'abord, rien de plus hypocrite, de la part des antisémites, que d'affirmer que ce n'est pas à la religion des Juifs qu'ils en veulent. Quel est donc le prétexte qui explique les protestations des antisémites contre la manière dont les Juifs tuent le bétail? N'est-ce pas, sur ce point, à la prescription religieuse qu'ils s'en prennent? Comment encore comprendre qu'il y ait des esprits assez méchants pour répandre cette horrible calomnie d'après laquelle les Juifs n'hésitent pas à immoler des enfants chrétiens à l'époque de leurs fêtes de Pâques? N'y a-t-il pas là une intention évidente de s'en prendre aux rites de la religion israélite et de lui imputer à crime des méfaits dont elle est, tout le monde le sait, absolument innocente? Pourquoi ces moqueries, ces railleries annuellement répétées dans les feuilles antisémites à l'occasion de chaque solennité juive? Et pourquoi ces attaques contre les Juifs qui occupent des places obtenues au concours? Quel motif autre qu'une haine religieuse, peut expliquer les insultes adressées aux Juifs qui sont dans l'enseignement ou au Conseil d'État?

A mon avis, au contraire, c'est uniquement par des motifs d'ordre religieux que s'explique l'antisémitisme.

L'ardeur fougueuse des antisémites provient soit d'un reste de fanatisme religieux, légué par des siècles d'ignorance et de barbarie, soit d'un imprudent désir de destruction chez les sceptiques et les athées.

Les uns, parmi les antisémites, ont pour les soutenir dans leur lutte une foi profonde, qui va jusqu'à l'aveuglement et à la fureur. Ce sont des fanatiques, avec lesquels il ne faut pas essayer de raisonner. Si l'on discute leur opinion, ils répondent par des injures, oubliant la belle pensée de Jean-Jacques Rousseau : « Les injures sont les raisons de ceux qui ont tort. » Les autres, non moins ardents, reprochent aux Juifs de rester fidèles à leurs croyances, alors que s'émoussent les croyances rivales, et veulent détruire une religion dont la force de résistance les étonne et les effraye. Mais, à vrai dire, ils ne connaissent ni les uns ni les autres les pensées de charité chrétienne à la façon de Jésus. Ils s'irritent lorsqu'ils sont en face de contradicteurs qui osent leur dire que l'honnêteté ne dépend pas de la confession religieuse. Ce sont des agités qui ne rêvent que batailles, combats, duels, émeutes, et qui auraient fait bonne figure au temps des guerres de religion, au milieu du xvie siècle, aux côtés de Blaise de Montluc. Ils étaient faits pour vivre dans une époque où le point d'honneur consistait à donner sa vie pour imposer sa croyance à l'adversaire, auquel la Providence n'avait pas montré la lumière éclatante de la vérité. Ils n'admettent pas qu'on leur soutienne que toutes les croyances sont respectables, que celle que l'on ne partage pas vaut celle que l'on a reçue.

La preuve que l'antisémitisme est une guerre de religion et non une guerre de race, c'est que les antisémites ne confondent pas dans leur campagne les Arabes avec les Juifs, bien que les Arabes appartiennent comme les Juifs à la race sémitique.

La preuve encore que l'antisémitisme est bien une guerre de religion c'est que Drumont trouve sans excuses les grandes familles, dont les ancêtres ont au temps des Croisades porté la bannière du Christ en Terre-Sainte, et qui aujourd'hui reçoivent des Juifs dans leurs salons. Il les hait autant que les Juifs mêmes, et il est sourd à l'argument du progrès de l'humanité et du triomphe de la tolérance. Mais ces attaques violentes contre les membres du clergé ou contre les noms illustres qui ne le suivent pas dans ses anathèmes contre les Juifs sont la preuve évidente qu'il n'en veut au Juif qu'à cause de sa croyance ; il impute à crime à certains chrétiens d'avoir des relations avec des Juifs, parce que ces relations prouvent qu'il y a des Juifs qui savent mériter l'estime et la considération générale, ce qui est le renversement de sa thèse absolue, implacable comme celle des grands inquisiteurs du Moyen Age (1).

Si l'on était bien convaincu que l'antisémitisme n'est qu'une guerre de religion, indigne d'une époque civilisée comme la nôtre, on serait sûr de ne pas voir s'étendre cette plaie sociale, et quel que soit le talent sophistique de ceux qui servent cette mauvaise cause l'antisémitisme ne réussirait point en France. Mais l'habileté des antisémites consiste à avoir faussé l'esprit de beaucoup de crédules et de malheureux et d'avoir pris des prétextes mensongers pour se tailler des succès apparents, pour se donner l'air de faire œuvre utile et généreuse. Ils se prétendent les vrais défenseurs du patriotisme, les amis les plus ardents et les plus sincères des petits et des humbles, alors qu'en réalité rien n'est moins démontré.

Patriotes eux ! ils s'en vantent, puisqu'ils ont mis en tête de leur organe la fameuse devise : *La France aux Français.*

(1) Il est étonnant que les antisémites n'aient pas reproché au maréchal Canrobert, dont ils n'ont pas soupçonné le noble patriotisme, d'avoir eu le docteur Sée, un Juif, au nombre de ses médecins. Par leur silence ils ont condamné leur thèse, puisqu'ils ont laissé passer sans le relever un témoignage de confiance donné par un des plus vaillants soldats de notre armée à un Juif.

Mais en fait leur patriotisme consiste à étaler avec complaisance les hontes et les scandales de la patrie, et quelquefois même, comme dans l'affaire Burdeau, à inventer des calomnies odieuses, au risque de tuer des hommes de cœur.

En principe cependant il faut reconnaître qu'ils ont très ingénieusement choisi leur maxime : *La France aux Français*. C'est, en effet, une des constatations consolantes de l'heure présente que la fibre patriotique vibre toujours dans le cœur du peuple, malgré toutes les mauvaises harangues avec lesquelles on essaye de l'empoisonner pour lui faire perdre le culte de la patrie, Si donc les antisémites étaient en mesure de prouver que les Juifs sont des étrangers qui volent leur place en France et qui n'ont que des sentiments hostiles pour la patrie, la défense des Juifs serait inutile, les antisémites auraient raison. Mais les antisémites savent bien que les Juifs aiment la France comme tous les autres Français, et lorsqu'ils allèguent que les Juifs constituent une nation et non une religion ils produisent sciemment une allégation de mauvaise foi. Les Juifs une nation ! mais où est leur territoire, où est leur souverain, où est le législateur qui les guide? Les Juifs ont donné au cours du siècle maintes preuves de leur amour pour la France. Ils l'ont prouvé en faisant leur devoir en 1870, en se faisant tuer pour leur pays comme le capitaine Franquetti, le lieutenant Caïn, et tant d'autres dont on trouverait le nom gravé sur le monument des soldats français au cimetière de Metz! Ils l'ont prouvé en Alsace en optant en masse pour la nationalité française. Ils l'ont prouvé naguère en priant publiquement pour le czar, ami de la France, sans se soucier de ses sentiments à l'égard des Juifs! Ils l'ont prouvé, enfin, en se portant avec enthousiasme dans l'armée pendant ces vingt dernières années, et en allant donner leur vie pour la France, au Tonkin, au Soudan, au Dahomey, comme les lieutenants Michel et Valabrègue, comme le capitaine Crémieu-Foa, comme tant d'autres dont on célèbre annuellement le souvenir au Temple de la Victoire.

J'entends bien la réplique possible des antisémites : « Votre incorporation dans la patrie française est récente ; nous ne contestons pas votre courage, mais nous soutenons que vous ne pouvez avoir pour la France les sentiments qu'éprouvent les Français qui n'ont eu que des parents nés en France. »

La réplique est facile à rétorquer. Si les antisémites pouvaient jamais réussir à faire triompher leur thèse et à exclure de l'armée ou des hautes fonctions les citoyens devenus Français depuis quelques générations seulement, la France s'exposerait peut-être à perdre le concours de grandes intelligences. Elle n'aurait pu, si semblable thèse avait été admise, avoir dans le passé l'Italien Mazarin comme ministre, et plus récemment avoir Mac-Mahon, d'origine écossaise, comme Président de la République, ou Gambetta, d'origine italienne comme organisateur de la résistance patriotique de 1870 ; elle n'aurait pu tout dernièrement confier l'expédition du Dahomey à un général Dodds, descendant d'Anglais, ni ouvrir les portes de l'Académie à un poëte au sang espagnol comme de Heredia. Si les autres nations avaient suivi de semblables errements, on ne verrait point des noms comme ceux de Savigny ou de Dubois-Raymond illustrer la science allemande ! La thèse antisémite est donc contestable si on l'examine au seul point de vue patriotique, car des noms glorieux prouvent que l'on fait bien d'assimiler les naturalisés aux nationaux.

Mais en admettant un instant que l'on puisse soutenir la nécessité de faire des différences entre les descendants de naturalisés ou de nationaux, le prétexte invoqué pour faire la guerre aux Juifs ne porte pas contre tous les Juifs, car il en est qui n'ont jamais eu que des ancêtres originaires de France ; ce sont tous ceux qui portent des noms de ville ou de village français : les Beaucaire, les Bédarride, les Caën, les Carcassonne, les Lyon, les Valabrègue, etc., et ceux encore qui ont des noms bien français : les Bernard, les Durand, les Michel, etc. Si les antisémites n'étaient pas aveuglés par leur esprit sectaire ils devraient convenir que leur devise n'est pas conforme à leur théorie, puisque dans leur théorie tous les Juifs sont englobés dans une même réprobation et que leur devise permettrait d'accepter aux honneurs les Juifs qui de par leur nom ont une origine purement française. Leur parti pris n'est compréhensible que parce qu'ils sont guidés par une haine aveugle et point du tout par leur patriotisme.

En dépit de l'évidence qui démontre que les

antisémites se couvrent sans droit du manteau du patriotisme, les admirateurs de Drumont et du marquis de Morès croient légitimes la haine du Juif en affirmant que le Juif n'a d'autre idéal que l'argent et qu'il n'a de talent que pour le négoce et la banque, où il s'enrichit aux dépens des producteurs et des consommateurs français.

Mais les antisémites ne sont pas assez impartiaux pour reconnaître que les faits leur donnent absolument tort. Leur affirmation est contraire à l'histoire et à la réalité présente. Aux temps primitifs, la race juive était agricole. Elle ne s'est transformée en race commerçante que lorsqu'on l'a eue dépouillée de ses terres. Mais, de nos jours, il est inexact de dire que les Juifs ne savent qu'être commerçants, puisque les ennemis des Juifs leur reprochent au contraire d'envahir les fonctions publiques, de vouloir arriver au premier rang dans les carrières administratives. Et, entre parenthèse, le goût des Juifs pour les fonctions publiques, qui sont généralement mal rétribuées, est une preuve concluante que l'argent n'est pas leur idéal !

Il est vrai que M. Drumont explique la passion du Juif pour les fonctions publiques en disant qu'outre l'amour de l'argent, le Juif a la soif de l'ostentation, le désir de briller par son luxe, d'éclabousser ses contemporains. Seulement, ce qui enlève toute espèce de force à cette explication, c'est que de nombreux antisémites prétendent au contraire que le Juif est avare, qu'il amasse pour amasser, qu'il ne se laisse pas facilement entraîner aux élans généreux. Et si les hommes de bonne foi apprécient ces critiques contradictoires, ils seront bien forcés de conclure qu'il y a parmi les Juifs, comme parmi tous les autres hommes, des vaniteux et des avares, mais qu'il n'est pas plus possible de prétendre que le Juif est par nature plutôt avare que vaniteux, ou plutôt vaniteux qu'avare !

Pour M. Drumont et ses partisans, ce qui démontre le mieux la passion du Juif pour l'argent et désir de s'élever par la fortune au sommet de l'échelle, c'est son goût particulier pour la Banque, pour les jeux de Bourse, c'est-à-dire pour toutes les professions où l'on peut s'enrichir considérablement par des procédés peu scrupuleux avec un peu de ruse, de souplesse d'esprit, d'habileté financière.

Loin de nous la pensée de méconnaître que l'on peut broder des variations éloquentes sur le scandale des fortunes ramassées à la Bourse et qui ne reposent pas d'une façon évidente sur un travail producteur. Mais à supposer que les attaques dirigées contre les spéculateurs soient justifiées, ce qui n'est pas pleinement démontré, la spéculation ayant son intérêt économique certain, la querelle antisémite n'en reste pas moins monstrueuse, par suite de cette simple constatation que tous les Juifs ne sont pas à la Bourse, et que tous les gens de Bourse n'appartiennent pas à la religion israélite.

Les antisémites ne devraient d'ailleurs pas oublier que si les Juifs ont des aptitudes spéciales pour le métier de manieur d'argent, la faute en est simplement aux persécutions dont ils ont été victimes à travers les siècles. Pendant tout le cours du Moyen Age, et presque jusqu'à la veille de la Révolution, les Juifs ont été dans l'impossibilité matérielle d'exercer les professions dans lesquelles ils pouvaient se trouver en concurrence avec des chrétiens. Ainsi, au xII[e] et au xIII[e] siècle, des communautés juives assez importantes étaient implantées dans la région de Narbonne et de Béziers (1). Ces communautés étaient

(1) M. Drumont peut-il refuser le titre de Français aux descendants de ces médecins établis en France depuis plus de six siècles ? M. Drumont ne méconnaît-il pas l'histoire quand il dit que tous les Juifs français aujourd'hui étaient étrangers hier ?

dirigées par des rabbins qui étaient presque toujours de grands médecins, et plus d'une fois les papes d'Avignon eurent recours à la science des médecins juifs, notamment d'un médecin illustre du nom d'Astruc. Mais vers la fin du xiiie siècle, le pape Clément V, épouvanté de l'influence que les Juifs prenaient grâce à leur science médicale, créa l'Université catholique de Montpellier, et désormais les rabbins juifs ne purent plus exercer la médecine ! J'ai appris ces faits dans le discours prononcé, au moment de la célébration du sixième centenaire de l'Université de Montpellier, par Monseigneur de Cabrières, évêque de Montpellier. De même que la médecine, toutes les autres professions libérales, toutes les fonctions publiques, et en particulier la carrière des armes, leur étaient formellement interdites. La seule industrie qui leur fût permise était précisément celle de banquier, parce que cette profession était proscrite aux catholiques, à raison des textes du Droit canon, qui déclaraient illégitime le prêt à intérêt. Ce n'est du reste un mystère pour personne que les chrétiens ne se firent pas faute de tourner la prohibition ecclésiastique en faisant opérer les prêts d'argent d'une façon nominale par des

Juifs. Et plus d'une fois des Juifs furent massacrés pour s'être livrés à des spéculations coupables, alors qu'ils n'étaient en fait que les gérants et les prête-noms de hautes personnalités et qu'ils n'avaient fait qu'agir suivant leurs instructions !

Mais quoi d'étonnant que quelques Juifs aient conservé des aptitudes pour une profession qu'ils ont été condamnés à exercer pendant des siècles ? Ce qui importe à rappeler c'est que rien dans leur origine et dans leur histoire n'était de nature à démontrer leurs qualités spéciales pour semblable métier (1).

En tout cas, aujourd'hui où les Juifs ont conquis le bénéfice de l'égalité devant la loi, le nombre de ceux qui s'occupent d'opérations de Banque et de Bourse va sans cesse diminuant, et s'affaiblirait encore bien davantage s'ils ne rencontraient dans les autres carrières des vestiges certains des anciens préjugés, qui leur barrent la route.

(1) Les antisémites semblent attribuer à l'influence juive le vertige qui entraîne des malheureux vers des spéculations dangereuses. Mais la spéculation est un mal dont les Juifs ne sont nullement responsables. Elle n'a jamais été aussi forte que sous Louis XV, au temps du fameux Law, et les Juifs alors ne la dirigeaient pas! Jamais ruines et désastres plus nombreux ne furent accumulés qu'en ce temps-là !

Le jour où le nombre des Juifs se serait très notablement restreint dans les professions financières, l'antisémitisme perdrait une grande partie de sa force. Aussi les antisémites s'efforcent-ils d'empêcher les Juifs de sortir de la carrière commerciale. Ils s'opposent à leur introduction dans les fonctions publiques et dans l'armée sous prétexte qu'ils ne sont pas Français, grief dont j'ai déjà fait justice. Et ils vont répétant sans cesse, au mépris de la vérité, que les Juifs ne peuvent réussir que dans les travaux où ils servent d'intermédiaires, mais qu'ils sont incapables de s'élever au rang de producteurs, de créateurs. Heureusement des exemples sont là pour établir qu'il existe de nombreux Juifs qui font honneur à la France, à leur pays, et qui sont réellement des créateurs, ayant su se faire un nom dans des professions où les bénéfices ne sont qu'une considération accessoire et où le succès ne dépend d'aucune influence occulte. Dans la philosophie, les Juifs s'appellent Spinoza, Ricardo, Franck; dans la médecine, Germain Sée, Hayem, Bernheim; dans le droit et au barreau, Lyon-Caën, Crémieux, Lisbonne; dans la littérature, Henri Heine, Catulle Mendès, Dennery, Erckmann, Valabrègue; dans

2

le journalisme, Albert Millaud ; dans la musique, Mendelssohn, Meyerbeer, Halévy ; au théâtre, Sarah Bernhardt, Judic, Worms, Agar, Rachel ! Et devant de tels noms, l'erreur et le parti pris de la thèse antisémite éclatent manifestes ! Ces noms seraient encore bien plus nombreux si une espèce de ghetto moral, inavouable mais sensible, ne détournait beaucoup de timorés et ne glissait dans leur âme le découragement absolu.

Les reproches que je viens d'examiner et dont j'ai montré l'inanité ne sont faits aux Juifs que par ceux que j'appellerai les théoriciens de l'antisémitisme. Mais la grande masse des antisémites fonde son hostilité contre les Juifs sur un sentiment de jalousie. Ils détestent le Juif parce que pour eux le mot Juif est synonyme de riche, et l'antisémitisme a leurs sympathies parce qu'il est une des formes de la guerre au capital.

Seulement ce que les antisémites ne veulent pas savoir c'est qu'il y a de par le monde un grand nombre de Juifs pauvres et mendiants. Les Congrès socialistes internationaux ont toujours refusé d'emboîter le pas à l'antisémitisme, parce qu'ils considèrent les Juifs orientaux comme

pouvant être au premier rang dans l'armée du
prolétariat. En Russie la considération qui explique et justifie les mesures exceptionnelles
prises contre bon nombre de Juifs est une considération hygiénique. Leur misère est telle qu'ils
sont condamnés à traîner leur existence dans le
dénûment le plus complet et la saleté la plus
répugnante. Leur présence dans certaines contrées
offre dès lors un danger pour la santé publique,
qui nécessite l'intervention des autorités et oblige
à les parquer dans des régions déterminées. Aux
Etats-Unis des mesures ont été prises pour
enrayer l'immigration de bon nombre de Juifs,
qui, à peine débarqués dans le Nouveau-Monde,
se trouvaient à la charge de l'Assistance publique.
L'antisémitisme se trouve donc tomber dans cette
monstrueuse contradiction de reprocher aux
Juifs leur fortune en Occident et leur misère
en Orient.

En France, d'ailleurs, la misère juive est beaucoup plus grande qu'on ne le croit en général.
Il n'y a pour s'en convaincre qu'à se rendre
compte de l'importance des sociétés de bienfai-
sance israélites et du chiffre considérable de
secours qu'elles distribuent. Les libéralités fré-
quentes du baron de Rotschild sont encore une

nouvelle preuve de la détresse de bon nombre de ses coreligionnaires. En province, dans plusieurs communautés juives, notamment à Bayonne, à Bordeaux, à Marseille, à Nancy, c'est à peine si le consistoire est en mesure de soulager toutes les misères qui lui sont dénoncées. Les journaux antisémites se gardent bien d'insister sur des faits divers comme celui relaté dans l'*Eclair* du 14 janvier 1895 et signalant un ouvrier du nom de Kohn qui s'était affaissé dans la rue sans connaissance, victime de la misère et du froid. Malgré les faits qui les contredisent ils vont répétant toujours que tous les Juifs sont riches !

La vérité c'est que, la famille de Rotschild mise à part, les Juifs n'ont, sauf quelques exceptions très rares, qu'une aisance relative. Quand les antisémites ont cité Rotschild ils croient avoir fait la preuve que les Juifs ont accaparé la richesse totale de la France. Ils se gardent bien de constater que la très grande majorité des Juifs appartient au petit monde de la bourgeoisie, que la plupart ne sont que de modestes commerçants. Ils ne veulent pas savoir qu'il y a parmi les Juifs des travailleurs manuels, notamment dans les métiers de boucher, d'horloger, de bijoutier, de fabricants de jouets. Ils feignent d'ignorer que presque tous les consistoires entretiennent des écoles d'ouvriers et d'apprentis destinés à la serrurerie, à la ferblanterie, à la menuiserie.

S'ils parlent des Rotschild ils ne réfléchissent pas qu'il y a dans le monde des fortunes supérieures à celle des Rotschild et dont les titulaires ne sont pas Juifs. Vanderbilt, Astor, Jay Gould en Amérique. En France même le bijoutier américain Tiffany, les Lebaudy, les Menier peuvent soutenir la comparaison avec les Rotschild. Et les banquiers protestants ont entre eux une solidarité égale à la solidarité juive, et qui leur vaut une influence considérable sur le marché financier. M. Drumont n'ose pourtant pas réclamer une révocation nouvelle de l'édit de Nantes contre les protestants !

Il faut bien que parmi les Français il y en ait un qui soit le plus riche; mais rien ne démontre que ce privilège est échu aux Rotschild parce qu'ils sont Juifs, rien ne démontre surtout qu'ils fassent, étant Juifs, plus mauvais usage de leur fortune qu'ils ne feraient s'ils étaient catholiques.

Ce qui, en fait, devrait faire condamner l'antisémitisme par tous les gens de cœur, c'est qu'en pratique les résultats qu'il atteint sont absolument contraires au but qu'il prétend poursuivre. L'antisémitisme se donne le mérite d'avoir le monopole de la lutte intransigeante contre les grandes puissances financières; mais dans la réalité ses attaques contre les Rotschild et les autres grands banquiers Juifs ou amis des Juifs n'effleurent même pas ceux contre lesquels elles sont dirigées, tandis que les Juifs qui appartiennent au milieu bourgeois ou populaire sont journellement l'objet de persécutions mesquines et injustes à cause de leur religion. J'ai connu à Bayonne un portefaix contre lequel tous ses collègues tombaient à bras raccourcis toutes les fois qu'il trouvait à la gare un client qui voulait bien lui confier ses malles, et ils l'assommaient au cri de : A bas les Juifs ! Je demande à M. Drumont de vouloir bien réfléchir, en présence de faits semblables, à son œuvre et de comparer la situation créée à ce malheureux portefaix par suite du ravage qu'ont causé dans les masses les doctrines antisémites, avec la situation de M. de Rotschild, qui est restée et restera toujours la même, et qui, malgré la *France Juive* et la *Fin d'un Monde*, continue à être le banquier des czars, à faire les emprunts et les conversions russes et à pouvoir compter sur la sympathie de toutes les têtes couronnées de l'Europe. Que M. Drumont se dise, s'il l'ose, après des faits comme ceux que je cite, le défenseur des petits et des humbles ! (1)

Je dois en outre faire remarquer que dans sa polémique ardente contre certains détenteurs de la fortune publique, Drumont se trouve n'être que le disciple de deux Juifs : Karl Marx et Lassalle. La seule différence entre les deux grands socialistes allemands et le pamphlétaire français, c'est que les deux grands philosophes d'outre-Rhin ont attaqué le capital sans se préoccuper de savoir en quelles mains il se trouvait, tandis que Drumont, comme Ahlwardt, espère sauver le capital chrétien en dénonçant à la vengeance populaire le capital juif. L'insensé no se rend pas compte que si jamais une révolution éclatait, la foule, dans sa fureur logique, ne distinguerait pas entre capitalistes juifs ou catholiques et qu'après être montée dans une maison juive

(1) L'antisémitisme a quelques sympathies parce que l'on va répandant cette erreur qu'il a pour but de détrôner les princes de la féodalité financière. Et l'on ne voit pas qu'il est odieux parce que, sous prétexte de viser en haut, il frappe au milieu et en bas dans la famille juive. C'est à M. de Rothschild que l'on s'adresse, mais c'est le capitaine Mayer que l'on tue !

pour la saccager, elle rentrerait dans la demeure voisine sans savoir si elle est ou non occupée par des Juifs. Il est possible que la destruction du capital, juif ou pas juif, soit l'un des desiderata de M. Drumont; mais alors qu'il ait la franchise de le dire, qu'il change le titre de son parti, qu'il l'appelle le parti *anticapitaliste*, au lieu de l'appeler le parti antisémite, et ce jour-là il aura la surprise de voir bien des Juifs se ranger sous son drapeau (1). Le seul regret qu'il pourra avoir, ce sera celui de n'être que le successeur et le continuateur des deux Juifs allemands.

Admettons qu'il y ait dans les sentiments de M. Drumont deux idées généreuses : en premier lieu, celle de débarrasser la France d'étrangers parasites, en second lieu, celle de dénoncer l'influence des grandes fortunes, sa polémique manque de logique, car jamais il ne pourra faire comprendre pourquoi il n'en veut parmi les naturalisés qu'à ceux qui appartiennent à la religion israélite, pourquoi parmi les grandes fortunes il ne considère comme dangereuses

(1) Le parti révolutionnaire compte au nombre de ses martyrs l'infortuné Crémieu, fusillé à Nîmes pour sa participation à la Commune.

que celles qui sont dévolues à des Juifs. C[e]
défaut de logique est tellement évident qu'il n[e]
faut rien moins qu'une forte dose de fanatism[e]
religieux pour empêcher M. Drumont et [ses]
admirateurs de s'en apercevoir !

Il est une catégorie d'antisémites qui perçoi[t]
nettement ce double défaut de la thèse d[e]
M. Drumont, et qui néanmoins le suit dans s[a]
campagne odieuse : ce sont les socialistes révolutionnaires. Ils sont les disciples du Juif Karl
Marx ; mais ils profitent des attaques violent[es]
lancées contre les capitalistes juifs, parce qu'il[s]
les généralisent avec passion. Ils sentent que
le peuple, qui aime l'ordre et le calme, ne goûte-
rait guère leurs excitations à la haine et à la
révolution ; mais ils se réjouissent quand ils
voient se réveiller les vieux préjugés sous l'influence d'un pamphlétaire violent, parce qu'ils
espèrent que l'antisémitisme sera la trouée par
où passera la révolution sociale. Et, bien qu'ils
ne veuillent pas borner leurs demandes d'expro-
priation contre les Juifs seuls, ils sont heureux
toutes les fois que dans leurs diatribes ils peuvent attaquer une personnalité juive, parce qu'ils
sont convaincus que dès qu'ils auront éveillé
l'attention de leurs auditeurs en leur parlant des

Juifs, ils pourront se faire écouter pour la suite de leur discours (1).

Quelques esprits du parti socialiste révolutionnaire ont senti cependant la bizarrerie de leur attitude. Disciples d'un Juif, parlant contre des Juifs ! Ils ont essayé de justifier leur conduite en invoquant un prétexte, et leurs journaux se sont excusés d'attaquer les Juifs en disant que, parmi les capitalistes, les Juifs étaient surtout ceux qui avaient une influence sur la politique. L'affaire du Panama leur servait de démonstration. Les trois escrocs qui ont dépouillé de leurs épargnes les petites gens qui avaient eu confiance dans le grand nom du créateur de l'isthme de Suez étaient d'origine juive : Arton, Cornélius Herz, Reinach. Seulement ce qu'il plaît aux antisémites d'oublier, c'est que ces trois maîtres-chanteurs avaient commencé par renier leur origine juive. Arton s'appelait de son vrai nom Aaron ; il a changé de nom, il s'est converti, il avait le por-

___

(1) La Révolution sociale passera néanmoins à côté de beaucoup de Juifs sans les atteindre. Il y a dans le monde 7 millions de Juifs. Or, sur ce chiffre l'Alliance israélite affirme qu'il y a 5 millions de malheureux, de miséreux. Il y a en France 70,000 Juifs, dont 53,000 à Paris. Or, il y a à Paris 5,000 Juifs sur 50,000 qui vivent d'aumônes. Et il est établi sans contestation que sur 7 millions de Juifs il n'y a que 2,000 Israélites dont la fortune dépasse 1 million !

trait du pape dans son cabinet et il n'y avait pas de plus fougueux néo-chrétien que lui, Cornélius Herz allait à la messe tous les dimanches, en Savoie. Le frère du baron de Reinach est comte romain ; il est catholique pratiquant, et c'est du pape que la famille de Reinach tient son brevet de noblesse. N'importe, si l'on veut impressionner la foule contre les Juifs on se contente de lui dire que ces trois larrons étaient d'origine juive ! Mais cette façon d'agir est tout bonnement monstrueuse. Supposez que M. de Rotschild ait commis un crime ou qu'un Juif quelconque se soit rendu coupable d'une mauvaise action, les mêmes antisémites qui accablent aujourd'hui MM. Arton, Cornélius Herz et Reinach auraient fait bon ménage avec ce beau trio de voleurs, prétextant qu'ils n'avaient plus rien de commun avec les Juifs. M. Drumont a bien admis le descendant d'un renégat du nom de Crémieu à la *Libre Parole*, sans s'arrêter à son origine juive certaine. Si donc la conversion suffit à des Juifs malhonnêtes pour augmenter le cercle de leurs relations et de leurs dupes, si elle leur suffit pour répéter à tout propos qu'ils n'ont rien de commun avec leurs coreligionnaires, un corollaire logique doit permettre à leurs coreligionnaires de répondre aux catholiques : Ces misérables ne sont plus de notre famille, ils s'en sont exclus eux-mêmes.

S'il est vrai cependant que l'antisémitisme repose sur d'injustes prétextes, n'y a-t-il pas lieu d'espérer un remède contre cette polémique malsaine ? Et si un remède prochain ne semble pas possible, faut-il craindre le retour de mesures rigoureuses contre les Juifs ? Je n'hésite pas à me prononcer sur ces deux questions Je ne pense pas que l'on puisse appliquer un remède radical immédiat contre l'antisémitisme, mais j'estime que la querelle antisémite ne pourra jamais aboutir à une œuvre rétrograde, indigne du pays de la Révolution française.

Je dis que je ne crois pas à un remède immédiat de l'antisémitisme (1), et j'ai soutenu pourtant que l'antisémitisme n'était qu'une guerre de

(1) Quelques Juifs pensent qu'un moyen radical de supprimer l'antisémitisme serait de demander l'intervention du législateur pour réprimer les abus de presse constituant des excitations à la haine des citoyens les uns contre les autres. A notre avis les Juifs ont le devoir de ne jamais laisser passer les attaques individuelles dont ils peuvent être l'objet. Quant à réclamer l'intervention législative pour leur protection, ce serait faire preuve de faiblesse et de frayeur. Que les Juifs soient au contraire au premier rang des défenseurs de la liberté de penser et d'écrire, le crime de leurs ennemis, qui ne respectent pas leurs croyances, n'en paraîtra que p'us grand !

religion, On pourrait voir une contradiction entre ces deux opinions, car si l'antisémitisme est
une guerre de religion, il semble que les Juifs
auraient un moyen de l'éviter, ce serait de se
convertir en masse. Le remède pourrait être à
la fois radical et immédiat, et à l'époque des
guerres de religion la conversion faisait cesser
l'hostilité. Si je prétends que la conversion laisse
subsister la querelle, et les faits sont là pour
prouver que l'antisémitisme subsiste malgré la
conversion, suis-je forcé de reconnaître que l'antisémitisme ne provient pas de la religion? *Point.*
La conversion est une lâcheté inutile. L'antisémitisme a sa cause dans la différence entre les
principes juifs et chrétiens, dans l'exagération
avec laquelle certains chrétiens et certains Juifs
subissent l'influence de leur doctrine religieuse,
et la conversion n'empêche pas les Juifs qui ont
grandi avec l'attachement à certaines idées philosophiques d'être esclaves de ces idées malgré
leur conversion.

Si l'on étudie la philosophie juive, on est surtout frappé de cette vérité qu'elle enseigne par-
dessus tout l'amour du travail. Le Juif est essen-
tiellement actif et laborieux. Il attend l'arrivée
du Messie, et pour lui le Messie est l'époque où

chacun aura sur la terre la plus grande somme possible de bien-être, c'est le règne de la fraternité et de la justice. La doctrine juive est progressiste. Elle espère en l'avenir. Aussi quel que soit son sort, le Juif veut encore mieux; de là sa merveilleuse initiative. La conviction que l'homme peut, par l'intelligence, s'élever où il veut, est enracinée chez lui, et sa confiance dans la vertu magique du travail se manifeste notamment par la facilité avec laquelle, à la différence de la bourgeoisie chrétienne, il se laisse aller à la procréation. Il estime que la vie vaut en somme la peine d'être vécue, et il ne se demande pas quel sort sera réservé aux enfants qui naîtront. Il croit à l'immortalité de l'âme, à la vie future comme dédommagement des injustices dont il peut être victime, mais la satisfaction matérielle pendant la vie lui apparaît comme une préparation aux jouissances suprêmes de l'au delà! Quelle que soit la puissance de leurs ennemis, les Juifs trouvent dans leur religion des raisons de ne pas s'effrayer des embûches qui leur sont tendues pour les dépouiller de leurs richesses ou pour détruire leur race; leur religion leur enseigne en effet que Dieu (dont ils se croient le peuple élu) leur a donné un double talisman pour conjurer tous les dangers qui les menacent : d'une part une étonnante puissance de reproduction, l'aptitude naturelle à obéir à la formule de l'Ecriture « Croissez et multipliez », et ils voient dans cette faculté de reproduction le moyen de remplacer les disparus et les convertis (1) ; d'autre part un amour profond du travail, avec lequel les richesses perdues peuvent être reconquises.

Dans la religion chrétienne au contraire l'idéal n'est pas dans le travail et dans la reproduction de l'espèce. Pour les chrétiens le Messie est arrivé. Suivant les moines et les prêtres c'est aux premiers jours de la création que les hommes ont eu la plus grande somme de bonheur. Leurs défauts et leurs vices ne peuvent pas leur permettre de revenir à l'âge d'or. Il faut se garder de donner le jour à de pauvres petits êtres qui ne méritent pas d'être condamnés à traîner le fardeau de l'existence. Ceux qui ont eu le malheur de naître doivent demander à Dieu la résignation nécessaire pour supporter les misères de

(1). Il est curieux de constater que malgré toutes les persécutions et toutes les conversions le nombre des Juifs n'a jamais diminué. Ils formaient jadis un royaume de 7 millions d'habitants. Ils sont encore aujourd'hui disséminés à travers le monde au nombre de 7 millions.

la vie, et n'attendre de jouissances idéales qu'a-
près la mort. Durant le passage sur la terre il
faut tâcher de mériter les récompenses divines
en faisant preuve d'abnégation, de dévouement,
de sacrifice.

Tandis, par conséquent, que la grandeur de
la religion juive est dans sa croyance au progrès
continu et infini, la beauté de la religion
catholique est dans le sentiment de résigna-
tion. Chasteté, pauvreté, abstinence, voilà les
vertus chrétiennes. Amour du travail, activité,
persévéranc, voilà les vertus juives.

Au surplus la morale juive et la morale chrétienne recommandent l'une et l'autre l'amour
de la charité. Bien avant Jésus, Moïse avait dit
aux Juifs : Aimez Dieu et votre prochain comme
vous-mêmes ! La Bible juive contient un texte
souvent cité et aux termes duquel l'homme qui
travaille dans un champ ne doit point interrom
pre son travail pour saluer le roi, si le monarque
vient à passer, tandis qu'il doit l'interrompre
s'il s'agit pour lui de porter secours à un ma-
lade. La Bible juive enseigne ainsi à ses disciples à attendre le bonheur matériel non de leur
souverain mais de leur travail, et elle leur re-
commande en même temps de placer le bonheur

moral qui résulte de la charité au-dessus du bonheur matériel. L'Evangile se sépare de la Bible juive en ce qu'il s'étend longuement sur le mépris des richesses, n'attache presque point d'importance au travail, source du bonheur matériel, et prêche au contraire en de longs développements le bonheur moral par la charité !

On peut ranger les humains en trois catégories suivant qu'ils obéissent plus ou moins bien à ces principes philosophiques. Les uns, qui constituent certainement la classe la plus digne d'admiration, ne désirent réellement que le bonheur moral par la charité : ce sont les religieux proprement dits, les sœurs de charité, les missionnaires. Les autres, qui sont les plus nombreux, recherchent à la fois le bonheur moral et le bonheur matériel et ne dédaignent pas d'acquérir les vertus juives pour atteindre le bonheur matériel. Une troisième catégorie enfin, qui n'est ni admirable ni nombreuse, jalouse le bonheur matériel des autres, mais se garde bien pour avoir ce même bonheur d'emprunter aux Juifs leur amour du travail et leur persévérance : ce sont les antisémites, et parmi eux quelques curés de campagne qui meurent de faim avec un traitement insuffisant et qui, malgré leur

profession, ne méprisent pas les biens maté-
riels terrestres ! Ceux-là sont malheureux parce
qu'ils ont entrepris une carrière pour laquelle
ils n'avaient pas la vocation, et ils imputent aux
Juifs leur condition précaire, alors qu'elle est
considérée comme la conséquence naturelle, et
l'on peut le dire la gloire de leur sacerdoce par
les ministres du culte enthousiastes de leur mission.

En somme, la morale chrétienne n'a qu'un
seul tort, celui de ne pas croire à la force de
l'intelligence humaine ; la morale juive, au
contraire, a le défaut de trop compter sur la
valeur de l'homme et de lui permettre d'aspirer
à un bien-être exagéré sans lui faire prendre
garde que ses défauts doivent l'obliger à limiter
ses désirs. Sans doute, aux époques primitives,
la morale juive mettait un frein aux entreprises
exagérées de ses adeptes, en leur faisant entre-
voir l'image de la justice implacable toujours sus-
pendue au-dessus de leurs têtes, et des supplices
vengeurs, farouches pour le cas où ils sortiraient
des voies justes et honnêtes. Mais la notion de
la justice s'est obscurcie chez certains Juifs
depuis les violences et les persécutions dont ils
ont été victimes. Avec les loups on apprend à

hurler, dit le proverbe. Rien d'étonnant qu'en présence d'ennemis toujours nouveaux, qui ne parlent que de les déchirer et de les massacrer, ils songent à avoir une puissance qui les mette à l'abri de tous les coups et de toutes les attaques. Si l'on ajoute que l'idée de justice sociale s'est épurée, que la nécessité des châtiments sévères n'a plus paru indiscutable, que la morale chrétienne, qui prêche le pardon pour les erreurs et les crimes en invoquant la faiblesse humaine, a quelque peu troublé les consciences en laissant s'acclimater une morale trop facile, on comprendra que le Juif ne se sente plus retenu dans ses audaces téméraires, parce qu'il se trouve entraîné par le relâchement des mœurs qui l'environnent.

En fait, l'antisémitisme ne peut pas disparaître du jour au lendemain, parce qu'aussi bien parmi les Juifs que parmi les chrétiens, il est des hommes qui subissent le joug de leur morale religieuse imparfaite. Les Juifs malhonnêtes en arrivent à se déshonorer par qu'ils s'exagèrent la puissance de l'homme. Quelques catholiques deviennent antisémites parce qu'ils s'exagèrent sa faiblesse !

Voyez, en effet, ce que sont les Juifs qui soulèvent le mouvement antisémite. Ce sont des insensés qui se perdent par une ambition effrénée, des spéculateurs qui commencent par faire fortune, et qui risquent leur dignité et leur honneur pour arriver plus haut, en un mot des malheureux qui s'exagèrent leur force morale. Voyez, au contraire, comment se recrute l'armée des antisémites. Les antisémites de bonne foi sont pour une bonne partie des gentils-hommes ruinés qui prétendent qu'ils ne sont rien parce l'argent est tout, et qui ne veulent pas voir qu'ils ne sont rien, parce qu'ils s'entêtent dans une paresse dédaigneuse. Ce sont aussi de petits bourgeois, effrayés par les dangers et par les inconvénients de la terrible concurrence commerciale, et n'ayant plus foi dans la vertu du travail et de l'initiative individuelle, en un mot des malheureux qui s'exagèrent leur faiblesse intellectuelle !

J'insiste sur cette idée que les antisémites sont des malheureux qui s'exagèrent leur faiblesse. Je rends hommage à leur courage physique : je suis convaincu que leurs tirades patriotiques sont sincères et qu'ils sont tous capables de faire d'excellents soldats devant l'ennemi. Mais c'est une observation bien souvent faite, que des hommes courageux au point de vue physique sont quelquefois lâches au point de vue moral, et que le moindre déboire suffit à les abattre. Les antisémites cachent, sous leur parole de haine contre les Juifs, un sentiment de vive admiration pour eux : ils admirent l'énergie avec laquelle les Juifs se raidissent contre les infortunes, la persévérance avec laquelle ils combattent dans la lutte pour la vie. Ils disent que leur guerre contre les Juifs est une guerre de race, parce qu'ils ne se sentent pas capables de la même énergie, de la même persévérance que les Juifs. Ils trouvent plus commode d'accuser leur propre race que de s'accuser eux-mêmes. Prenez un Juif entreprenant un commerce et faisant de mauvaises affaires ; je le suppose, bien entendu, honnête et victime des circonstances. Sa première pensée, devant la ruine qui le menace, sera de rechercher en lui-même les causes de l'échec, de s'adresser à lui-même quelques reproches. Après avoir fait son meâ-culpâ, il considérera le malheur qui lui arrive comme une leçon, et il sera résolu à recommencer le travail le lendemain avec le profit de l'expérience et l'espérance du succès. Prenez au contraire un catholique, également honnête et victime des circonstances, il ne trouvéra pas la puissance de rebondir comme son concurrent Juif. Si sa conscience lui dit qu'il a des reproches à s'adresser, il cherchera dans sa raison faussée une excuse, il invoquera sa nature, ses habitudes, l'impossibilité de rien changer, et, au lieu de recommencer le lendemain, il végétera toute sa vie avec la haine du concurrent heureux, et il se fera antisémite !

L'histoire est là pour attester l'exactitude de mon observation. Au temps de Charles-Quint et de Philippe II, les Juifs avaient en Espagne et en Portugal une situation plus brillante qu'ils n'ont jamais eue dans aucune partie du monde. Leurs richesses excitèrent l'envie du peuple espagnol, qui, à la même époque, se débattait dans une affreuse misère. L'Inquisition eut pour mission de débarrasser l'Espagne de tous ces Juifs et de les dépouiller de leurs biens. Les Juifs quittèrent l'Espagne en masse, se dirigèrent vers l'Angleterre et la Hollande. A l'époque de Cromwel et de Guillaume d'Orange, ils avaient reconquis en Angleterre et en Hollande une situation analogue à celle qu'ils avaient abandonnée en Espagne Les Espagnols avaient sur la conscience des milliers d'assassinats, mais ils n'étaient pas plus riches après qu'avant l'expulsion des Juifs. Ce n'était pas la présence des Juifs en Espagne qui était la cause de la misère du peuple : la misère du peuple provenait de son apathie. Les Juifs partis d'Espagne, l'apathie continua et la misère avec. L'Espagne paya son expulsion des Juifs de la perte de son empire colonial, qui fut recueilli précisément par les deux pays où s'étaient réfugiés les Juifs, par l'Angleterre et la Hollande, devenues du coup les plus puissantes nations commerciales.

Les antisémites de nos jours ne tiennent aucun compte de ces enseignements historiques, et comme les sujets de Philippe II ils s'imaginent sauver leur pays en chassant quelques Juifs millionnaires, en les dépouillant de leurs millions. Ils ne prennent pas garde que les Juifs volés par eux sauront refaire leurs fortunes ailleurs, et que leurs persécutions auront simplement abouti à priver leur patrie d'un concours d'hommes utiles. Ils ne veulent pas comprendre que le meilleur moyen d'empêcher certains Juifs d'accumuler de grosses fortunes, faisant contraste avec le dénûment de la masse, ce serait de stimuler l'initiative individuelle dans cette masse, et d'obtenir pour elle des lois de liberté et de justice lui permettant de donner libre cours à ses facultés (1).

Si l'on admet avec nous que la confiance exagérée en leur valeur, à cause de l'altération de leur morale religieuse, perd certains Juifs, et si l'on reconnaît aussi avec nous que l'antisémitisme se forme chez les vaincus de la lutte économique, qui, suivant la morale chrétienne, doutent de l'effort humain, on est bien obligé de conclure que l'antisémitisme n'est pas condamné à une disparition immédiate. Des mœurs et des habitudes semblables ne s'effaceront pas en un jour.

Je crois fermement cependant à l'échec prochain et définitif de l'antisémitisme. D'après ce que je viens de dire on pourrait croire que j'entrevois l'antisémitisme comme éteint le

(1) Il est possible de constater à l'heure actuelle le mal fait par l'antisémitisme en considérant nos relations commerciales avec les pays étrangers. M. Doumer remarquait dans la discussion du budget que le chiffre des affaires de la France avec les nations étrangères va sans cesse diminuant, et il accusait le commerce français de manquer d'audace. La faute en revient en grande partie à l'influence de M. Drumont. Beaucoup de commerçants hésitent à créer des maisons à l'étranger de peur d'être attaqués par M. Drumont comme cosmopolites, et les Juifs français en particulier s'abstiennent de fonder des comptoirs à l'étranger de peur de se voir pris à partie par la *Libre Parole* et accusés d'avoir plus d'intérêts hors de France qu'en France ! La France y perd.

jour seulement où les peuples pourront vivre sans religion. Si en effet l'antisémitisme provient des erreurs des doctrines juive et chrétienne, il semble logique d'appeler de ses vœux l'ère où ces doctrines respectives seront sans influence. Telle est bien en effet ma pensée, mais avec une observation qui détruit le côté révolutionnaire de mon sentiment. Je distingue la religion, le dogme d'une part, et la morale religieuse d'autre part. Peu importe le maintien des croyances au dogme s'il y a disparition de l'influence morale exagérée. Il n'y a point de corrélation de lien indissoluble entre le dogme des deux religions et leur morale. Le dogme est immuable. C'est la tradition léguée par le père à l'enfant, le credo devant lequel les générations successives doivent s'incliner sans approfondir. La morale religieuse c'est au contraire l'œuvre de quelques philosophes, dont le génie était incontestable pour leur époque, mais dont les pensées peuvent et doivent être, à travers les siècles, soumises à la libre discussion de l'esprit humain. Pour préciser, le dogme immuable dans la religion juive c'est la croyance au Dieu unique, à la vie future, à l'immortalité de l'âme, et dans la religion chrétienne c'est en outre la croyance à la divinité de

Jésus ; la morale discutable c'est dans la morale juive la recherche du bonheur sur la terre par le labeur continu, et dans la morale chrétienne l'attente du bonheur dans l'autre monde seulement. Pas de contradiction par conséquent à rêver l'anéantissement de morales surannées même si l'on veut le maintien des croyances au dogme religieux. La contradiction existe d'autant moins que par une anomalie manifeste le dogme et la morale sont en opposition dans chaque religion. La morale juive est matérialiste, mais son culte est spiritualiste. Dans le culte juif, aucune image de la divinité, aucun ornement dans les temples, jamais une pensée qui revête une forme matérielle dans les prières à l'Être suprême. La morale chrétienne au contraire est idéaliste, mais son culte est formaliste. Dans le culte catholique, images et ornements à profusion, magnificence et splendeur dans les églises, et jusqu'à un certain point continuation de la pompe et de la poésie du paganisme dans les cérémonies. Le protestantisme a d'ailleurs perçu la contradiction qui existe dans la religion catholique entre son culte et sa morale, et bien que son dogme se rapproche davantage de celui des catholiques il a cherché à ramener dans ses temples la simplicité du culte juif.

La distinction que je fais entre le dogme et la morale dans chaque religion fait percevoir le grand crime de l'antisémitisme. Il consiste à rendre tous les fidèles d'un culte responsables des fautes de morale commises par quelques-uns d'entre eux et à ne tenir aucun compte du principe formulé par la Révolution française que les fautes sont personnelles. Il est aussi odieux de la part des antisémites de faire haïr tous les pratiquants du culte israélite à cause des défauts de quelques-uns de leurs coreligionnaires, que ce qu'il le serait de la part des Juifs de détester tous les chrétiens à cause des erreurs ou de la mauvaise foi de quelques antisémites. L'antisémitisme provient de l'opposition de deux catégories d'hommes : les uns qui demandent à l'effort humain tout ce qu'il peut donner, les autres qui ne veulent rien lui demander. Mais la querelle antisémite est une querelle condamnable parce qu'elle ne s'attaque, d'après sa dénomination, qu'aux fidèles du culte juif; or, tous les fidèles du culte juif n'exagèrent pas la puissance de l'effort humain. Il y a des chrétiens qui commettent cette faute, et par son titre l'antisémitisme ne les atteint pas. Il y a, d'autre part, des Juifs qui doutent de l'effort humain et qui tombent ainsi dans le défaut de la morale chrétienne. Ceux-là étaient nés pour être antisémites, quoique Juifs !

Il faut espérer qu'une heure arrivera où tout le monde reconnaîtra qu'il ne faut exagérer ni la force ni la faiblesse de l'effort humain, ce qui sera la fin de l'erreur des deux morales, juive et chrétienne.

Le souhait que j'exprime de voir disparaître l'influence des deux morales que je trouve imparfaites, l'une parce qu'elle est altérée et incomplète, l'autre parce que certains esprits l'exagèrent, ne m'empêche pas d'ailleurs de proclamer qu'elles ont eu toutes les deux leur gloire dans le passé. Alors que le travail apparaissait aux sociétés païennes comme une déchéance à laquelle les esclaves devaient être seuls condamnés, les Juifs ont eu le mérite de proclamer que le travail devait être la source du bonheur pour les hommes libres. Alors que les Romains maîtres du monde traitaient avec la dernière cruauté les peuples vaincus, alors que les puissants de l'époque faisaient peser un joug intolérable sur les faibles et les déshérités, la morale chrétienne est venue prêcher la douceur évangélique, le respect de la personnalité humaine. Mais aujourd'hui, grâce au progrès des idées, chacune des deux morales, prise isolément, apparaît en elle même ou dans ses conséquences comme insuffisante et dangereuse. La vérité est dans leur fusion.

Toute la question est donc de savoir si la fusion est possible. Ma conviction est qu'elle l'est, et je base mon opinion sur ce fait que chrétiens et juifs ont, les uns et les autres, abandonné leurs principes religieux toutes les fois qu'ils ont jugé que ces principes étaient inconciliables avec les sentiments du milieu et de la civilisation qui les environne. Ainsi les chrétiens n'en sont plus à vouloir brûler les Juifs, les athées, les hérétiques et à soutenir que le supplice aura pour effet de sauver l'âme de la victime. De leur côté les Juifs ne se croient pas autorisés à faire application vis-à-vis de tous ceux qui ne professent pas leur culte de la terrible maxime « Œil pour œil, dent pour dent ». La preuve en est, chez les catholiques dans la sévérité avec laquelle les chrétiens eux-mêmes jugent l'Inquisition, et, chez les Juifs, dans l'amour-propre que mettent les de Rotschild, les Furtado-Heine, les Osiris à faire des dons généreux pour des œuvres catholiques, sans s'arrêter aux violentes attaques dont les abreuvent les antisémites à tout propos (1).

Etant donné que la fusion est possible, je dis qu'elle se fera sous l'influence des transformations économiques, politiques et sociales qui se préparent.

Une constatation, en effet, nous paraît avoir assez d'importance. L'antisémitisme fleurit surtout en Allemagne, en Autriche, en Russie et dans les pays musulmans. Il n'existe au contraire pas de parti antisémite en Angleterre ou aux Etats-Unis. D'où vient cette différence entre ces divers pays ? De la différence de leur situation politique et économique. En Allemagne, en Autriche, en Russie, dans les pays musulmans et notamment en Algérie, nous nous trouvons en

(1) L'antisémitisme produit néanmoins un effet déplorable. Les millionnaires juifs sont mis par M. Drumont dans l'impossibilité de faire des libéralités utiles. Car si un Juif donnait une forte somme pour une entreprise commerciale ou industrielle, telle par exemple que celle du canal du Midi, M. Drumont s'empresserait d'exciter les esprits contre l'entreprise et d'affirmer que l'entreprise n'a d'autre but que de favoriser la spéculation juive. Ce que je dis est si vrai que lorsque des Juifs ont eu le malheur de témoigner leur sympathie aux œuvres de colonisation, M. Drumont en a pris prétexte pour soutenir que la France allait faire tuer des soldats aux colonies afin d'enrichir des Juifs. Et la fureur de M. Drumont s'est manifestée même plus d'une fois contre des prêtres catholiques qui avaient accepté des offrandes de Juifs pour leurs pauvres.

présence de peuples dominés par des sentiments de mysticisme et qui n'aiment point la vie active. Ces peuples sont en outre gouvernés par des hommes qui ont intérêt, pour conserver leur pouvoir, à entretenir chez leurs sujets des pensées de soumission, de renonciation au bien-être. Rien d'étonnant que dans ces pays le Juif soit détesté par le pouvoir et par le peuple. Il l'est par le pouvoir parce que la philosophie juive étant une philosophie de progrès et de justice, est contraire aux intérêts des gouvernants, parce que les gouvernants allemands voient dans les Juifs les disciples de Karl Marx et de Lassalle, ou encore les protestataires de l'Alsace, parce que les gouvernants russes craignent de trouver en eux des adeptes du nihilisme ou des protestataires de la Pologne ! Il l'est par le peuple parce qu'à raison de son amour du travail et de l'activité il réussit, malgré tout, à force d'ingéniosité, à être plus heureux que ses compatriotes et à s'échapper de la misère. L'Arabe, le Turc, le Maure détestent le Juif parce qu'ils le voient s'élever au-dessus d'eux (1). Ils s'imaginent que pour

(1) Quelques esprits indépendants et qui n'approuvent point en général l'antisémitisme concèdent à M. Drumont que le décret Crémieux constitue une faute et qu'on pourrait enlever aux Juifs d'Algérie leurs droits électoraux pour rétablir l'égalité avec les

réussir ainsi dans ses entreprises, le Juif possède quelque secret diabolique. Ils ne saisissent pas que la force du Juif vient de leur inertie, de leur croyance aveugle au fatalisme, de la conviction à laquelle ils sont stupidement attachés que leur destinée est écrite et qu'ils ne peuvent la changer.

En Angleterre et aux Etats-Unis, le Juif ne rencontre pas la même défaveur parce qu'il se trouve en présence de peuples qui lui ressemblent. L'activité fébrile du Juif ne choque ni l'Américain, ni l'Anglais comme elle choque l'Allemand, le Russe, l'Arabe, par cette bonne raison qu'au point de vue de l'activité, le Juif est dépassé par l'Anglais et par l'Américain. Les Anglais et les Américains sont, dans le domaine de la spéculation, des concurrents plus habiles que les Juifs.

Outre ces considérations qui rapprochent le Juif de l'Anglais et de l'Américain, il est à remarquer que l'Angleterre et les Etats-Unis sont deux nations protestantes et que la morale

indigènes. C'est à notre avis faire une proposition mauvaise. Quand des droits ont été accordés, c'est faire œuvre rétrograde que de les enlever. Il est possible qu'on ait raison de parler d'égalité. Mais on peut satisfaire l'égalité en concédant aux indigènes les droits qu'ils n'ont pas.

protestante n'est pas opposée d'une manière absolue à la morale juive comme l'est la morale chrétienne. La soumission, qui fait le fond de la doctrine chrétienne, ne se rencontre pas dans la doctrine du protestantisme, qui est une doctrine d'indépendance (1). Le peu de faveur de l'antisémitisme auprès des protestants est une preuve nouvelle de la thèse que je soutien que l'antisémitisme provient de l'opposition de morales juive et chrétienne.

(1) Il est un point surtout sous lequel la morale protestante et la morale juive se ressemblent : c'est dans la manière dont l'un et l'autre développent le sentiment de la solidarité.

Il est naturel que chez les catholiques le sentiment de la solidarité soit moins fort que chez les protestants et les Juifs. En effet la morale chrétienne enseigne le mépris des biens terrestres. Les hommes n'ont donc pas à s'entr'aider pour conquérir des richesses qu'ils doivent dédaigner. La morale protestante et la morale juive soutenant que la conquête du bonheur est possible par l'effort, rien de plus logique, pour rendre l'effort plus puissant que de le rendre solidaire.

Les antisémites prennent prétexte du sentiment de solidarité qui unit les Juifs pour faire supporter à la masse les fautes de quelques-uns. Mais leur thèse est reconnue fausse par suite de cette simple constatation que les Juifs ne pratiquent pas la solidarité d'une façon ridicule. En fait ils ne se croient pas liés par un devoir d'assistance vis-à-vis de tous leurs coreligionnaires ils font les sélections nécessaires. Ils n'agissent que pour ceux qu'ils jugent dignes de leur intervention. Il est possible qu'ils se trompent parfois, *errare humanum est*, mais le plus souvent ils savent se tenir sur une sage réserve, ne serait-ce que parce que leur intérêt le leur commande. La preuve que les Juifs savent répudier eux-mêmes la solidarité du lien religieux est fournie par ceux qui ont servi de témoins à charge contre des coreligionnaires.

L'on pourrait, il est vrai, m'objecter que nulle part l'antisémitisme n'est aussi fort qu'en Allemagne, pays protestant. Je répondrai en invoquant la distinction que je faisais plus haut et en disant que le peuple allemand pratique sans doute, au point de vue de la forme, le culte protestant, mais qu'il est au fond attaché à la morale catholique, au mysticisme chrétien. L'esprit de discipline qui fait la force de l'Allemagne contraste avec l'amour de la liberté des Anglais et des Américains, avec l'indépendance qui domine la morale protestante. La preuve de la différence entre le caractère religieux des Allemands et celui des Américains résulte d'ailleurs de cette observation qu'en Allemagne la religion protestante est une, tandis qu'aux États-Unis elle se subdivise en une infinité de sectes, chaque groupe s'arrogeant le droit de modifier les principes religieux suivant ses tendances et ses idées.

Je crois à la disparition de l'antisémitisme parce que je crois à l'influence tôt ou tard des nécessités économiques sur l'Europe. Je ne dis pas que je souhaite de voir l'Europe tout entière s'américaniser d'une façon absolue; mais j'espère que l'Europe empruntera à l'Amérique ses qualités sans renier les siennes. L'Européen et l'Arabe, comme le chrétien, sont faits pour être prêtre ou soldat; l'Américain, comme le Juif, pour être commerçant ou savant. Les exigences de la concurrence avec l'Amérique sur le terrain économique et industriel obligeront forcément les peuples d'Europe à tenir le travail en honneur plus encore qu'ils ne le font aujourd'hui. Tandis qu'en Amérique la considération va surtout au commerçant habile, inventif, savant comme Edison, elle est surtout donnée en Allemagne, en Turquie, en Russie aux représentants du culte ou de l'armée, aux généraux et aux popes. Les progrès de la civilisation, cependant, obligent déjà ces nations à entourer le travail commercial d'une estime qu'on lui refusait jadis. La guerre n'apparaît plus comme une question de courage et de bravoure, mais comme une question de ressources de toutes sortes et surtout de ressources scientifiques et financières, de sorte que la grande industrie et la haute finance, très utiles en cas de conflits, viennent partager auprès des souverains les faveurs qui jadis étaient réservées à l'aristocratie religieuse ou militaire. Le mouvement ne peut qu'aller s'accentuant, et le jour où les enfants des grandes familles d'Europe

consentiront, comme y consentent les lord
anglais, à se faire ingénieurs, directeurs d'entre
prises importantes, entrepreneurs d'expédition:
coloniales, ce jour-là l'antisémitisme aura vécu
parce que la noblesse, au lieu de s'indigne
comme elle le fait aujourd'hui de voir les Juif
accaparer de belles situations, les partagera ave
eux sans étonnement et sans rancune. Le
peuples cesseront de se plaindre d'être exploité
par les Juifs, quand ils verront les seigneurs le
plus honorables et les plus respectés s'occupe
comme les Juifs, de commerce et d'industrie
quand ils seront bien persuadés qu'ils peuven
sortir de leur situation précaire par le libre e
complet développement de leurs facultés, quan
ils seront affranchis du mysticisme chrétien o
du fatalisme musulman (1).

(1) Ce qui prouve bien que l'antisémitisme a pour cause uniqu
un mysticisme aveugle, c'est qu'il poursuit de sa haine les cathc
liques qui n'aiment pas le mysticisme, et en particulier k
francs-maçons. Beaucoup de francs-maçons sont loin d'êtr
athées. La plupart, au contraire, pensent avec Voltaire que s
Dieu n'existait pas, il faudrait l'inventer. Les francs-maçons n
constituent donc pas, comme le soutient Drumont, des gens sans
foi ni loi, mais ce sont pour la plupart des esprits tolérants et
qui ne détestent que le fanatisme. Esprits larges et indépendants, ils ont occupé de hautes situations dans la République,
et c'est ce que ne leur pardonnent pas les ennemis du gouvernement établi. M. Drumont a peut-être mieux réussi à soulever la
haine du franc-maçon que la haine du Juif. Et au fond il ne

Ce qui fait qu'en France les Juifs n'ont point à redouter l'antisémitisme c'est que grâce à la Révolution française la nation n'a d'amour féti-chique pour aucune caste. Il n'y a pas en France, comme en Allemagne, une sorte de vénération aveugle pour les prêtres et les soldats.

Le peuple a, quoi qu'en disent les athées, une foi religieuse, mais il fait inconsciemment la distinction que nous faisons nous-même entre les cérémonies religieuses et l'influence morale des religions. Son imagination se sent attirée par les cérémonies religieuses, et l'ouvrier le plus révolutionnaire ne se soustrait que difficilement à la satisfaction de suivre les pratiques de son culte en cas de baptême, de mariage ou d'enterrement. Mais la raison démontre à l'esprit le plus modéré qu'après avoir franchi le seuil de l'église, il n'a point à subir l'influence du clergé et que sa foi religieuse ne l'oblige pas à se lais-ser bercer par d'insidieuses pensées de résigna-tion pour supporter toutes les injustices sociales. Loin de considérer les Juifs qui s'élèvent au bien-être et à la richesse par le travail et la soli-

distingue pas les francs-maçons des Juifs, parce que les francs-maçons sont à ses yeux coupables du même crime que les Juifs, le crime d'avoir protesté contre les iniquités politiques et religieuses, et d'avoir triomphé contre les idées surannées !

darité comme des échappés de l'enfer, comme des suppôts du diable, le peuple ne demande qu'à avoir des lois libérales qui lui permettent de les imiter, et il maudit la sotte superstition qui lui commande de souffrir sans murmure sur cette terre, avec l'espérance seulement d'avoir plus tard sa place dans le royaume des cieux (1).

Malgré son patriotisme ardent et sincère il ne se croit pas tenu à une sorte d'adoration pour les familles de soldats. Son patriotisme se manifeste par son admiration pour le petit troupier, qui sort de ses rangs, et qui est prêt à donner son sang pour la défense du drapeau, Quant aux chefs, il les estime suivant leurs mérites, les

(1) J'insiste sur cette idée que l'esprit mystique et l'esprit religieux sont deux choses distinctes. Le mysticisme est seul responsable des crimes que l'on impute aux religions. L'esprit mystique est celui qui doute de la force de l'intelligence et qui attribue les maux de l'humanité à une influence néfaste, dont il rêve la destruction. L'antisémite, le révolutionnaire, l'anarchiste sont des esprits mystiques. Ils sont convaincus que pour donner au monde le bonheur idéal il faut détruire soit les Juifs, soit les capitalistes, soit toute la société humaine. Ils ne croient pas que les efforts de chacun suffisent à les conduire au bien-être! L'esprit religieux se sépare de l'esprit mystique en ce qu'il proclame que les efforts humains sont récompensés. Sa devise est dans la formule : *Aide-toi, le ciel t'aidera.* Chez l'esprit religieux la croyance à la divinité est un stimulant au travail, la divinité intervenant pour couronner l'effort. Chez l'esprit mystique la croyance à la divinité est un encouragement à l'oisiveté, l'esprit mystique s'imaginant que sa destinée dépend de Dieu et non de ses œuvres.

services rendus, les capacités, et, se souvenant qu'en 1792 des généraux de vingt ans ont battu tous les généraux de race des vieilles monarchies de l'Europe, il ne s'expliquerait pas qu'on veuille enlever des commandements à des officiers juifs dont le courage, l'intelligence et le dévouement ne sont pas discutés, sous prétexte qu'ils n'avaient point d'ancêtres à Rocroy ou à Fontenoy.

Si, malgré ces belles idées, l'antisémitisme fleurit en France la faute en est à l'influence étrangère, aux relations avec des pays où subsistent encore tous les préjugés dont la démocratie française s'est depuis longtemps affranchie. Mais comme ces préjugés ne peuvent manquer de s'affaiblir partout, il n'est pas difficile de prévoir une heure où ils ne pourront plus avoir aucun effet en France.

Outre les raisons morales et économiques que je viens d'indiquer j'entrevois dans le lointain des raisons politiques qui hâteront la fusion des deux morales, juive et chrétienne.

Nous sommes en effet, au point de vue politique, à une époque de l'histoire curieuse pour le philosophe, amateur de psychologie.

Nous assistons à l'agonie de l'esprit féodal

et à la naissance de la théorie socialiste. Or, si l'on creuse les deux morales, juive et chrétienne, comme nous l'avons fait, et si on les compare à l'esprit féodal et à la théorie socialiste, l'on est frappé de voir que l'esprit féodal et le principe socialiste sont l'un et l'autre le résultat des exagérations des morales religieuses. L'esprit féodal, longtemps entretenu par le clergé continuateur de Bossuet, est la conséquence des doctrines chrétiennes sur l'impuissance de l'effort humain et sur la soumission aux décrets de la Providence. Le principe socialiste, au contraire, tel qu'il a été révélé par Karl Marx, fils d'un rabbin, est dominé par l'idée juive de la perfectibilité sociale et de la toute-puissance de l'intelligence humaine. La Révolution française a condamné l'esprit féodal : l'avenir consacrera le principe socialiste, mais condamnera son exagération. Conformément à la morale juive et au principe socialiste, les gouvernants de tous les pays finiront par se convaincre qu'il est impossible de résister au progrès qui s'infiltre lentement partout; mais conformément à la morale chrétienne et contrairement aux rêves socialistes, les réformateurs les plus hardis verront tôt ou tard que

'avénement de la justice idéale est impossible
ur terre à cause des imperfections de l'homme,
t quelques sages réflexions sur l'égoïsme de
'humanité les contraindront à apporter plus de
atience, plus de douceur dans leurs revendica-
ions, plus d'indulgence dans leurs griefs. La
onciliation se fera donc nécessairement entre
es deux morales. Le monde, suivant la morale
uive, désirera sans cesse des améliorations
ociales ; mais au lieu de s'aigrir des obstacles
encontrés par le progrès il percevra, comme le
lui dit la morale chrétienne, que nous n'avons
à nous en prendre qu'à nos vices et à nos défauts
du ralentissement dans la marche continue du
progrès.

Sans être aveuglé par le patriotisme, on peut
croire que c'est à la France qu'il appartient de
donner l'exemple de cette fusion féconde plutôt
qu'aux pays purement démocratiques comme les
Etats-Unis, ou qu'aux pays d'essence monar-
chique comme l'Allemagne ou la Russie.

Il est à craindre en effet que dans leur marche
vers le progrès matériel les Etats-Unis se laissent
aller jusqu'aux abus, et compromettent leur
cause par des scandales et des catastrophes.
Aucun obstacle, autre que celui de la nature

humaine, ne peut en effet, aux Etats-Unis, entraver les aspirations vers la liberté et la justice. Dans les pays allemands, slaves, mulsnmans, au contraire, il est visible que les tendauces libérales se trouveront longtemps enrayées par des coalitions d'intérêts difficiles à ébranler, et qu'il faudra de grands événements pour les faire triompher.

Mais en France nous n'avons à redouter ni les dangers qui menacent les Etats-Unis ni les obstacles qui existent dans les grands empires de l'Europe. La France a pour la retenir dans ses exagérations vers le progrès le souvenir des traditions glorieuses du passé, ce que n'ont point les Etats-Unis, et elle n'est point condamnée à une résistance funeste, opiniâtre et cependant finalement inutile comme l'Allemagne et la Russie, parce que la Révolution de 1789 a brisé chez elle les coalitions d'intérêts qui existent chez ses voisins.

C'est donc d'elle qu'il faut attendre la fusion des deux morales, juive et chrétienne, qui ont si longtemps vécu en rivales et en ennemies mortelles. La Révolution française a prouvé que la France pouvait assumer cette tâche glorieuse, parce qu'elle n'a été en réalité qu'une proclamation solennelle en faveur de la fraternité des hommes, la consécration d'un principe commun aux deux religions, à savoir du sublime commandement de Dieu qui prescrit aux mortels de s'aimer les uns les autres.

Et l'antisémitisme s'effondrera rapidement dans le pays de la Révolution française, parce qu'il s'éloigne du principe d'amour universel pour prêcher la haine et la discorde contrairement à la religion qu'il attaque et à celle qu'il prétend servir !

D'autres raisons d'ordre politique hâteront en France la disparition de l'antisémitisme. Il ne faut pas en effet se dissimuler que l'antisémitisme est une des formes de l'opposition antirépublicaine et cléricale. Lorsque la République a été proclamée, aussi bien en 1848 qu'en 1871, un Juif, Crémieux, s'est trouvé à la tête du gouvernement. Lorsqu'il s'est agi de faire voter des lois de liberté et de morale ce sont encore des Juifs qui ont réussi à les imposer à la France : c'est Lisbonne qui a obtenu le vote de la liberté de la presse (il ne se doutait pas que cette liberté aurait des conséquences redoutables pour ses coreligionnaires, et s'en fût-il douté il l'aurait défendue quand même, convaincu que la liberté répare elle-même le mal qu'elle fait accidentellement) (1), c'est Naquet qui est parvenu à faire passer la loi du divorce. Au 16 mai et au moment du boulangisme la grande majorité des Juifs a très vaillamment défendu la cause républicaine. Et l'histoire impartiale devra reconnaître que les Juifs se sont fait un devoir, au cours de ce siècle, de témoigner leur reconnaissance envers la France en aidant au triomphe définitif de la République.

La conséquence de leur dévouement vis-à-vis du gouvernement républicain a été de leur permettre de recueillir des fonctions enviées. Il ne faut pas s'étonner qu'il y ait eu beaucoup de Juifs dans l'administration préfectorale. Il faut se souvenir que lorsque la démocratie est arrivée au pouvoir après le septennat de Mac-

(1) Nous disons que la liberté répare le mal qu'elle fait, et la liberté de la presse ne fait pas exception à la règle. La presse accueille avec indulgence les diatribes violentes de M. Drumont contre les Juifs, parce qu'elle voit surtout dans les attaques de la *Libre Parole* des coups portés aux puissants du jour; mais les mêmes écrivains qui ne désavouent pas Drumont le flétriraient s'ils voyaient ses idées aboutir à vexer des malheureux, des miséreux. Les journaux sont cléments pour les idées de M. Drumont, parce qu'ils les considèrent sans importance. Mais vienne un événement, comme la mort du capitaine Mayer, et leur indépendance s'affirme. La liberté de conscience les trouve pour sa défense.

Mahon, le gouvernement avait de la peine à
recruter des fonctionnaires aux idées républi
caines. Les Juifs ont recueilli des postes d'hon
neur parce qu'ils avaient été aux postes d
combat, parce que dans l'armée républicain
ils avaient été soldats de la première heure.]
s'opérera au point de vue politique, et il s'es
opéré déjà une transformation importante, ana
logue à celle que nous avons signalée pour l
point de vue économique. De même que nous avon
montré que l'évolution économique doit fatalemer
amener les descendants des plus grandes famille
à ne plus considérer les occupations commerciale
comme une déchéance pour leur dignité, d
même une heure approche où les noms les plu
illustres de France ne dédaigneront plus d
mettre leur intelligence au service de la Répu
blique. L'accaparement des fonctions que l'o
reproche aux Juifs provient uniquement de l
désertion de ces fonctions par ceux qui auraien
pu les occuper en concurrence avec eux ; i
n'existera plus le jour où les fidèles des anciens
régimes auront cessé leur opposition stérile au
régime choisi librement par la volonté populaire.
Si quelques Juifs occupent à l'heure actuelle de
belles fonctions, c'est parce qu'ils ont eu le

mérite de croire à la stabilité de la République et d'aider à son affermissement. Les antisémites leur en veulent de cette clairvoyance, de cette habileté. L'antisémitisme ne sera plus invoqué dans quelques années même contre les Juifs qui se seront par leur talent élevés au sommet de l'échelle sociale, parce qu'il n'y aura plus alors d'aristocrates envieux se reprochant d'avoir perdu une place d'honneur en suivant, au point de vue politique, la mauvaise voie! Le nombre des Juifs placés dans les fonctions publiques sera sans doute moins considérable, mais ceux qui les occuperont seront respectés par tous, et de même qu'aujourd'hui les membres de la noblesse s'enorgueillissent d'avoir eu des ancêtres morts au service de saint Louis ou d'Henri IV, de même dans quelques années des familles de fonctionnaires israélites rappelleront avec fierté que leur auteur était aux côtés des grands généraux ou des grands orateurs de la République !

Une autre cause prochaine de la disparition de l'antisémitisme sera dans la cessation de la lutte cléricale et anticléricale. Au moment de la fondation de la République le clergé catholique n'était pas favorable aux idées nouvelles. Il avait des attaches solides avec les amis des régimes déchus, et il avait pour les représentants et pour les défenseurs des anciens régimes une préférence nettement marquée. C'était avec conviction qu'il luttait pour le rétablissement de la monarchie, dont le retour lui paraissait indispensable pour le salut de la foi religieuse. Il était naturel que dans ces conditions les républicains soient poussés à voir dans le clergé un ennemi dangereux et que Gambetta ait poussé son fameux cri : Le cléricalisme, voilà l'ennemi ! La guerre contre le clergé, qui avait reçu des privilèges des anciens régimes et qui se les voyait enlever au nom des principes de l'égalité devant la loi, étonnait cependant des consciences religieuses, auxquelles le clergé menacé persuadait qu'en s'en prenant à lui on s'en prenait à la religion.

De même que quelques capitalistes effrayés par les progrès du socialisme avaient cru en Allemagne qu'ils feraient diversion aux revendications populaires en lançant de fougueuses diatribes contre le capital juif pour sauver le capital chrétien, de même quelques amis du clergé s'imaginèrent qu'ils arrêteraient la lutte contre le cléricalisme en dénonçant les Juifs aux fureurs populaires. Il faut rendre cette justice au clergé que ses dignitaires les plus élevés désapprouvèrent cette manœuvre maladroite inventée à leur profit, et qui n'a point réussi, beaucoup d'esprits révolutionnaires ayant embrassé l'antisémitisme avec enthou siasme et se faisant une joie de confondre désormais dans leurs excitations violentes les Juifs et les curés !

Mais ces excitations seront sans effet à cause précisément du changement survenu dans l'attitude du clergé. Le clergé reconnaît aujourd'hui la possibilité de concilier le maintien de la foi religieuse avec l'esprit républicain. Il ne fait plus au parti républicain une guerre implacable, et les pouvoirs, de leur côté, apportent dans leurs rapports avec le clergé moins de raideur, moins de rudesse. La République maintient intactes ses lois de justice et d'égalité, mais elle prend acte des bonnes dispositions du clergé et se réjouit de le voir désarmer. Les consciences religieuses comprennent les réformes que le gouvernement républicain a opérées. Elles n'y voient plus des mesures de persécution mesquines et tracassières, mais la conséquence forcée de la sécularisation de la société. Au lieu de chercher à ameuter la foule contre les Juifs pour préserver le clergé, elles sentent que la colère populaire déchaînée contre les Juifs retomberait finalement sur le clergé catholique, qui a compromis dans sa résistance à la République le respect qu'il mérite à tous égards, et qui, en particulier, lui est dû à cause de ses missionnaires et de ses sœurs de charité.

Les divers prétextes qui, aujourd'hui, font la force de l'antisémitisme sont donc appelés à disparaître. La fusion des deux morales, juive et chrétienne, peut être lointaine, mais elle est certaine. L'obligation matérielle, même pour les plus favorisés, de se livrer à un travail personnel s'ils ne veulent voir s'émietter leur fortune, leur semblera de jour en jour plus inéluctable, sans qu'ils en accusent les Juifs. L'entrée dans les fonctions publiques, sous l'égide de la République, d'anciens fidèles de la monarchie sincèrement ralliés au régime établi se produira également à son heure fatalement. Et enfin le différend pénible entre le clergé et le gouvernement ira, lui aussi, s'apaisant de plus en plus. Lorsque tous les motifs de rancune et de jalousie, qui ont donné naissance à l'antisémitisme et qui l'entretiennent, se seront éteints, le souvenir de cette querelle dangereuse sera marqué dans l'histoire de l'humanité comme la trace d'un gros nuage, ayant longtemps obscurci la cause sacrée de la liberté de conscience, mais qu'aura définitivement chassé le souffle invincible de la Raison. Au jour de la fusion des deux morales, juive et chrétienne, nul ne s'avisera d'avoir un mot de reproche ou de haine contre ces deux morales, auxquelles on reconnaîtra, somme toute, malgré quelques erreurs fâcheuses, une influence bienfaisante. La morale juive sera pour l'avenir la charte des droits de l'intelligence, et la morale chrétienne celle des devoirs du cœur humain !

APPENDICE

———◦———

Cette brochure était écrite lorsqu'a éclaté l'affaire Schwob, suivie de la révocation de M. Isaïe Levaillant. Un député, M. Denis, a saisi cette occasion pour porter à la tribune la question juive et pour protester contre l'introduction des Juifs dans les fonctions publiques. La *Libre Parole*, triomphante, a publié une interview de l'interpellateur, qui a justifié son interpellation en invoquant les diverses affaires scandaleuses auxquelles des Juifs ont été mêlés — le Panama — l'affaire Dreyfus — l'affaire Levaillant. Devant des faits semblables il a conclu que le gouvernement devait prendre des mesures contre les Juifs et a protesté suivant l'habitude des antisémites n'être inspiré par aucune haine religieuse.

C'est sur ce point que nous relèverons l'assertion de M. Denis. Que M. Denis le veuille ou non, son interpellation a sa cause dans ses préjugés religieux, qui avaient pu dormir quelque temps, et qui se sont réveillés devant des faits profondément regrettables. En effet, si M. Denis comme Drumont n'est point aveuglé par le fanatisme, s'il n'en veut point à la religion des Juifs, pourquoi rend-il responsables tous ceux qui pratiquent cette religion des fautes et des crimes commis par quelques-uns seulement. M. Denis prétexte que dans toutes les affaires scandaleuses récentes on ne voit que des Juifs. Son affirmation est la conséquence de son fanatisme. Une affaire n'a d'importance que si elle compromet un Juif, à ses yeux comme aux yeux des antisémites.

En politique M. Denis ne voit qu'un scandale, celui des conventions de 1883, parce qu'il se résout en une accusation sans preuves contre un Juif, M. Raynal. Mais M. Denis ne voit pas la corruption de Baïhaut, ou l'affaire Wilson, dans laquelle il n'y avait point de Juifs. Baïhaut, Wilson ne sont pas Juifs, donc ils ne comptent pas !

Le patriotisme de M. Denis se révolte devant la trahison de Dreyfus, mais il oublie celle de Châtelain et de Bazaine. Châtelain et Bazaine ne sont pas Juifs !

La probité de M. Denis s'indigne des relations de Levaillant avec les Schwob, mais elle oublie les relations de M. de Lanessan avec Canivet. M. de Lanessan n'est pas Juif.

Dans le procès des chantages organisés par la presse sept accusés, un seul Juif. Qu'importe à M. Denis? Les Juifs seuls avilissent la presse !

Un sous-lieutenant, Anastay, devient assassin. Qu'importe à M. Denis? Anastay n'est pas Juif. Il n'y a que les Juifs qui déshonorent l'armée.

Un prêtre meurt à l'échafaud, convaincu d'avoir mené une vie de débauches honteuses et de lâches assassinats. Qu'importe à M. Denis? M. Bruneau n'est pas Juif.

Un ancien préfet, M. de Trémontels, est arrêté pour escroquerie après s'être marié à la tenancière d'une maison de prostitution. M. Denis ne s'en préoccupe pas. M. de Trémontels n'est pas Juif. Il n'y a que les Juifs qui démoralisent la nation ! Portalis, de Clercq, Canivet, Trocart ne comptent pas pour M. Denis, qui ne voit que M. Camille Dreyfus !

Bazaine, Châtelain, Anastay, Bruneau, de Trémontels, Baïhaut sont dignes de la sympathie de M. Denis. Ils ne sont pas Juifs !

Vous êtes, ô Denis ! l'impartialité même. Vous

répétez après Drumont que le Panama a ruiné des milliers de petits bourgeois, mais vous oubliez que parmi les ruinés il y a des Juifs. Votre impartialité consiste à plaindre tous les malheureux spoliés, hormis les Juifs, et vous dites que vous ne vous occupez pas de la religion !

Vous prenez prétexte de l'affaire Schwob-Levaillant pour dire au public que les Juifs mettent leur influence au service de leurs coreligionnaires, même lorsque ces coreligionnaires sont des gens méprisables. Seulement vos yeux se refusent à constater les faits qui vous donnent tort. Vous oubliez que toutes les accusations portées contre Schwob et Levaillant l'ont été par un Juif, M. Brüll, qui a protesté le premier contre la malhonnêteté de ses coreligionnaires. Vous oubliez que si le maître chanteur Strauss a été pincé, c'est grâce à un Juif, M. Winter, Vous prétendez que vous n'êtes pas fanatique, mais vous ne tenez pas compte de faits semblables, qui prouvent que les Juifs sont les premiers à flétrir leurs coreligionnaires lorsqu'ils le méritent.

Admirez votre justice, MM. Drumont et Denis. Elle consiste à dire aux gouvernants :

Il y a des Strauss et des Schwob parmi les Juifs, donc votre devoir est de mettre hors la loi les Brüll et les Winter, qui ont cloué leurs coreligionnaires malhonnêtes au pilori de la honte. Votre logique consiste à faire supporter à des gens honnêtes la conséquence des fautes commises par des hommes qui n'ont de commun avec eux que le lien religieux.

Si vous étiez impartial, M. Denis, il vous faudrait apporter à la Chambre un raisonnement que vous ne ferez pas. Il vous faudrait établir que sur 70,000 Juifs le nombre de ceux qui sont frappés par la justice est en proportion plus forte que celui fourni pour les non Juifs. Alors seulement vous feriez preuve d'impartialité en englobant la race juive dans vos griefs contre quelques individualités. Mais si vous consultiez les statistiques criminelles, votre thèse s'écroulerait, M. Denis. Le nombre annuel de condamnés juifs est infime. Parmi les célébrités du bagne il n'y a que très peu de Juifs, et le nombre des chevaliers de haute marque parmi les condamnés de la correctionnelle est des plus faibles.

Aussi je sais bien comment vous procéderez. Vous imiterez M. Drumont : vous ferez une énumération de Juifs flétris. Vous citerez dix noms, vingt peut-être. Et après ? 20 sur 70,000 ! Avouez que c'est peu (1).

Quand vous aurez fini votre énumération vous aurez perdu votre cause, car il ne s'agit pas de prouver qu'il y a des Juifs malhonnêtes (il y a des malhonnêtes partout), il s'agit de démontrer que la proportion des malhonnêtes parmi les Juifs est si considérable qu'il n'y a pas à tenir compte de ceux qui sont honnêtes, et qu'il faut prendre des mesures de rigueur et d'exception contre tous, en bloc, sans distinction. Cette démonstration vous ne la tenterez même pas, car vous iriez contre la vérité.

Au total, les infamies commises par les Juifs se réduisent à un petit nombre, quand l'on calcule le nombre de tous les crimes châtiés par la justice, à un nombre si faible que l'opinion publique avait laissé mourir les préjugés du Moyen Age avant que parût M. Drumont pour les faire renaître.

A l'affût de tous les scandales où peut être

(1) Le soufflet le plus sanglant que puisse recevoir l'antisémitisme lui est infligé par l'immense majorité des catholiques, qui attestent l'honnêteté des Juifs en continuant leurs relations d'affaires ou de camaraderie avec eux, malgré les injures que leur prodigue M. Drumont à ce sujet !

compromis un Juif, la *Libre Parole* fait grand bruit autour de toutes les affaires véreuses qui peuvent salir un de ses adversaires, et elle jette un voile discret sur les autres. Mais cela ne prouve pas que les autres n'existent pas. Et il n'y a que les aveugles comme M. Denis pour ne pas voir le piège qui leur est tendu par la *Libre Parole* et pour y tomber, pour ne pas voir que M. Drumont est parvenu à persuader au public crédule que les Juifs sont les maîtres partout, en commettant de nombreuses erreurs volontaires, et en donnant la qualité de Juif à tous les fonctionnaires et hommes publics qui lui déplaisent.

M. Drumont n'a-t-il pas dit que Gambetta était Juif, pour expliquer l'envahissement des fonctions publiques par les Juifs à l'époque du grand tribun ?

La vérité c'est que Gambetta a fait nommer un grand nombre de Juifs dans l'administration parce qu'il les savait dévoués à la République. M. Denis, qui se dit républicain, aurait dû réfléchir avant de marcher sur les traces du pamphlétaire qui a essayé, sans y réussir, de salir la glorieuse mémoire de Gambetta, l'ami et protecteur des Juifs, le défenseur de toutes les libertés.

Quand l'histoire impartiale montrera aux générations futures la cause des Juifs plaidée et gagnée par l'abbé Grégoire et Gambetta, discutée par Drumont et par M. Denis (si l'histoire parle de Drumont et de M. Denis), nul doute que la postérité ne ratifie l'œuvre de justice de la Révolution française, qui a proclamé l'égalité de tous les citoyens devant la loi, sans se soucier de leur confession religieuse.

Sans même attendre le jugement de la postérité, la cause des Juifs se trouve à l'abri de tous les coups dans le présent même. Car il existe fort heureusement en France un flambeau, qui s'appelle la Raison, qui n'est pas encore éteint; et ce flambeau suffit à éclairer tous les esprits impartiaux et à leur montrer que c'est la *liberté de conscience* que méconnaît l'antisémitisme.

Paris. — Imp. LÉAUTEY, rue St-Guillaume, 24.